Hernando Cardozo Luna

LIBRO DE POEMAS

Hernando Cardozo Luna

Olor a ti

Derechos de la obra

"Yo creo en la misión del escritor. La recibe del verbo que lleva en sí su sufrimiento y su esperanza. El escritor interroga a las palabras que a la vez le interrogan, acompaña a las palabras que a su vez le acompañan. La iniciativa es común y como espontánea. Sirviendo a las palabras – sirviéndose de las palabras – da un sentido profundo a la de ellas, de la que la suya ha surgido".

Edmond Jabés

"Pero esta dedicatoria es para que la lean los demás: éstas son palabras privadas que te dirijo en público".

T.S. Eliot.

A ti

Contenido

RETO

Todos los días
de todos los años
hay que salir
a convencer a la existencia
de que en este espacio
hay un lugar para uno.

NOSTALGIA

Mi hija
cuando pequeña
tenía un tren en su alcoba
-como aquel que siempre quise-
donde transportaba sus ilusiones.
Unos años después,
ya con el volumen vacío,
miré al juguete
que de nuevo
empezó a girar por la escalera tendida,
llevándose
un par de gotas
que de mis ojos
caían.

HAI–KU XX o EL VIAJE

Vida tantas cosas
para contarte
pero voy de paso.

AYUDA

Se va engargolando
el silencio
a mi papel
y solo,
frente al laberinto,
recorro
una a una
las falsas salidas.

OCIO

Inmensa delicia
desgajar el carnoso pétalo
de tu piel.

A PESAR DE TODO...

Te llamo valiente
porque a pesar de todo
cada mañana
desprendes de tus labios
una sonrisa.

CARIBE

El viento, ese catador
de azúcar y sal,
junto con ella camina
todos los días al muelle,
a mirar los buques
cargados de olores
y en uno de ellos
quiere zarpar
a bordear el horizonte
en busca de todo,
tal vez de nada.

HAI-KU XXI o EL REFLEJO

Si quieres tocar el espacio
introduce tu mano en el río.

RETORNO

Ese no saber
que estás pensando
cuando te veo
me hace recordar
que has vuelto a ser
la de antes.
La libre, la eterna,
la imposible.
Y yo
tal vez
el de nunca.

EL RASTREADOR

Distingo los pasos
que no dejan huella.
Van silvando
la tonada del adiós.

MARCHAN

Marchan
de uno en fondo
morral al hombro
y metralla terciada.
No tienen más
de veinte,
ni tampoco
experiencia.
¿Qué decirles
ahora que van al frente?

LA DIOSA

Al despertar,
ansió que la noche regrese.

¿Qué sería de mí …,
si la diosa de la pereza
se durmiera?

HAI-KU XXII o LA BÚSQUEDA

Por el caudal
viaja sedienta gota
camino de la mar.

INSTRUCCIONES PARA JUGAR LA VIDA

Niño brinca
hasta que la puedas tomar,
más … más alto,
le dicen.

Joven lucha,
que es toda tuya.

Viejo, sal
que ya no la puedes alcanzar,
¡le gritan!

HAI-KU XXIII o LA VICTORIA

Hurra! ¡Hurra! ¡Hurra!
guarda tu eco
para cuando ya no estés.

LOS CIEN METROS

El ojo la distancia mide.
Acércala con tu cuerpo
antes de los nueve y fracción de ocho.
Vuela…Vuela.

DIETA DE UNA JOVEN

Cómo nos cambian los gustos.
el té,
las grasas por las frutas,
la lectura por el ejercicio
y a mí por tu vecino.

MÉTODO

Yo cuento tristezas
con los dedos de los pies
y alegrías con los dedos
de las manos.
De ésta manera
todo el cuerpo
se entera
de lo que mi alma
és.

HAI-KU XXIV o LA RAZÓN

Abro la puerta
todo su rostro sonriente
y el hai-ku aparece.

ENCUENTRO DEL TERCER PISO

Por qué no entonces encontramos
en un café de cualquier ciudad del mundo,
aquellos de poca luz
donde la gente de pie o sentada
habla, ríe,
los meseros zig-zagean
y apenas nuestras voces son un rumor más,
a conversar de nada y de todo,
rayando la atmósfera con los dedos
y en la mitad de la charla
interrumpimos
con un breve beso
mientras saltamos de un tema al otro,
hablando de todo y hablando de nada.

Por qué no entonces encontrarnos
con un poco de vida?

HAI-KU XXIV o PUDOR

Un beso largo
las luces apaga
que ya me encendiste.

DIÁLOGO SORDO

¿No crees que la luz de este cuarto es más que suficiente?
Lámparas, apliques, más lámparas, más apliques, todas encendidas,
no es una forma de economizar energía. Si tienes suerte
hasta podrías pensar en un pequeño éxito, claro está depende
de quien lo reconozca. Siempre habrá algunos arriba y muchos
debajo, atención, eso no significa nada, no lo puede significar,
lo importante es donde nos situemos. El perro le ha hecho
mucho daño a las alfombras, he tratado por todas las formas
de hacértelo entender, las niñas ya no necesitan el animal, tal
vez el sí, ¿dónde le van a permitir las comodidades que aquí
goza? Observa, huele el amoníaco, con el tiempo el tapete se
amarilla. Es necesario trabajar, hay varias formas para ello.

CUENTO

Se murió el afán,
no hubo quien lo
enterrara.

El coche fúnebre
no tuvo tempo.

CASINO

Esta noche
tengo suerte,
no hay carta más alta
en la baraja,
ni par de dados
que la supere.

Gire pues
la rueda,
dance la esfera
que no existe negro,
ni rojo esquivo.

Esta noche…
¡No va más!
Ella y yo
aquí.

DUDA

Se desparrama
mi cuerpo
y fugaz se hace
cuando voy a ti
nervioso, incrédulo
de saber
que algún día,

tal vez no
estarás.

ENCUÉNTRELO USTED

Me levanto de lunes a viernes antes de las seis de la mañana,
cuando las ciudades alejadas del nivel del mar son tomadas
por un bajo frío estático de color gris. Apenas abrigo mi cuerpo
con una camiseta y un cómodo pantalón. Desciendo por las
escaleras y abriendo la puerta del edificio giro hacia la derecha,
dándole a las piernas un movimiento relativamente ágil. La boca
exhala un vapor igual al del ambiente. Pronto llego a una
especie de colina, cercada con un pentagrama en acero, que
recojo para poder pasar la humanidad sin temor a punzarme.
Erguido nuevamente, retomo la actividad de búsqueda. Debi-
do a la pendiente, camino lento y pesado, casi en zig-zag,
simultáneamente, el corazón se agita. Los ojos se desplazan de
un lado a otro. La mente y los dedos escarban en la corta grama.
No encuentro ninguno en el área explorada. Sigo ascendiendo,
las piernas son más firme,s aunque no más rápidas. Me detengo
nuevamente y no encuentro nada. Voy entonces levantando la
cara y dándole la espalda al follage. Veo al fondo un cielo
partido por una desigual línea formada por un sinúmero de
edificaciones. Me pregunto, ¿qué harán a esta hora sus morado-
res? Dormir, amarse, leer, reñir, ducharse, afeitarse, vestirse,
desayunar. Se que hacen eso y mucho más. La pausa me sirve
para descansar y llenar los pulmones de frío, que rápidamente
también se va alejando.

Retomo la cuesta y llego hasta la cima,
clavando siempre los ojos en la superficie donde estoy seguro
debo encontrar alguno de ellos, pero nada. Tampoco me
desanimo. El regreso es rapidísimo debido a la inclinación, uso
los pies como freno para no rodar.
Me lo dijeron, el trébol de cuatro hojas existe.

Mañana regresaré.

PARADOJA

¿Hasta dónde me aterra ser así?

POEMA

Observo como
de un sueño escondido
voy tomando de tus labios
la forma de un beso.

RÍO

Caudal no hay prisa
por desembocar
baja
juega
al remolino
al rápido
abraza bordes
goza por entre codos
llevando en el lomo barcas
y peces en el vientre
que cuando llegues
no te vas a arrepentir
de tu dulzura.

APROXIMACIÓN

Hay un poema
que no te quiero leer.
Es aquel de lenguaje plano
que va describiendo
sin alteración alguna
la conversación entablada
a las doce de un día
entre dos personas.
No hay un metro en el que rime,
ni un verso alejandrino,
ni siquiera aspira a la libertad.
Es casi sencillo,
ausente,
no es obstinado ni pretencioso,
no ofende,
no disgusta,
no es erudito,
ni abstracto,
tampoco refiere
sonrisa alguna o consagra una sentencia,

por tanto
no quiero leer
ese poema
mientras no sepa
lo que hay
entre tú y yo.

EL FALLO

Cuando la amenaza
a ser ceniza
sea capturada,
se extrañará.

HAI-KU XXVI o LA CAÍDA

Hoy me siento
como un ruiseñor infartado
en pleno vuelo.

VALIENTE

Un día de éstos
en que esté
como valiente,
te voy a acelerar
por la línea del teléfono
y de seguro,
a un lado quedarán
los papeles que acaricio
en lugar de tu piel
porque cuando estoy
así,
soy capaz
de cualquier cosa.

HAI-KU XXVII o AMAZONA

Perdido va
tu corazón galopante
sobre mi pecho.

LA DESCONOCIDA

Que bella frente,
fue lo primero que me impactó.
Ensimismado observaba
cómo retiraba
el pocillo de sus labios.

Un pálido rojo
quedó en el borde.

Todos mis sentidos
se acomodaban
a su figura
y
la amé con elegante furia,
sin que se diera cuenta.

Apuró un sorbo de agua,
nunca más
la volveré a ver.

CUARTO DE HORA

Necesito un Rolex
donde ver
cómo transcurren
mis quince minutos de
fama.

El que tengo, de cuerda,
se atrasa o se adelanta
a su antojo.

Nunca llegó a tiempo
el éxito
para poder pagar
el Rolex.

RECUERDO

Su cuerpo desnudo
se abraza a mi tronco orgulloso,
con ganas de hacerme
a su piel.

Eran otros instantes
donde todo era mío,
su respiración,
su giro,
su límite.

Hoy, sin embargo, algo golpea.
-no todo diluido en la mala memoria-

Tal vez el arrepentimiento
de no haberme quedado para siempre
aquella noche repetida,
frente a la mar.

BOLERO

Hay una hora en el día
que de ti me acuerdo.
No se precisar cuál es,
ni tampoco qué hago.

Es solo un impulso
que me lleva
a dejarlo
todo.

AMIGO

Y de pronto te mueres
así...de repente
faltándote años, sobrándote ganas.

De ti no lo esperaba,
eres un irresponsable.
¿No sabías acaso
que morirse es dejarlo todo?

¿Ahora qué haremos
con tu impresencia?

Sí, ya lo sé,
llevarte al recuerdo.
Pero aún eras joven
para ello.

ALEGRÍA

Me la quitaron
como quien arrebata
un caramelo.
Se la llevaron
como el verso
que por no escribirse
nunca vuelve igual.

Se la perdieron
como el sueño al desvelado.

Me la escondieron
como a las cosas
que más se quieren guardar.

Me la arrancaron,
como diría cualquier bolero,
del corazón.

LABOR

Yo aquí
uniendo palabras,
tachonando el papel,
recortando adjetivos,
investigando sinónimos,
buceando imágenes
y tu
allá,
más allá,
como dato,
como certeza superior
al punto final.

ESTUDIO FINAL

En tu espacio
soy astro.

AUTOR

Hernando Cardozo Luna nació en Bogotá el 30 de septiembre de 1948. Es un prestigioso abogado, doctor en Ciencias Jurídicas y Socioeconómicas, de la Pontificia Universidad Javeriana.

Su obra literaria incluye:

"Punta Azul" (1987) - Su primer libro de poemas, que marcó el inicio de su carrera literaria.

"Sonata en Ti Sostenida" (1989) - Una obra que explora la musicalidad del lenguaje y las emociones humanas.

"Olor a Ti" (1992) - Poemas que evocan los sentidos y la intimidad de las relaciones.

"Tu Boca Pintada" (1993) - Un viaje lírico a través del amor y el deseo.

"El Colibrí en el Mandarino" (1995) - Una colección que combina la naturaleza con la reflexión poética.

"Haiku" (2025) - Su más reciente trabajo literario.

CONTACTO

Si desea obtener más información sobre el autor y/o puede con-
tactarnos al siguiente correo: poesiahcl@gmail.com Escanea el
código QR y contáctenos.

¡Muchas gracias!

Made in the USA
Middletown, DE
15 December 2025

23318623R00038